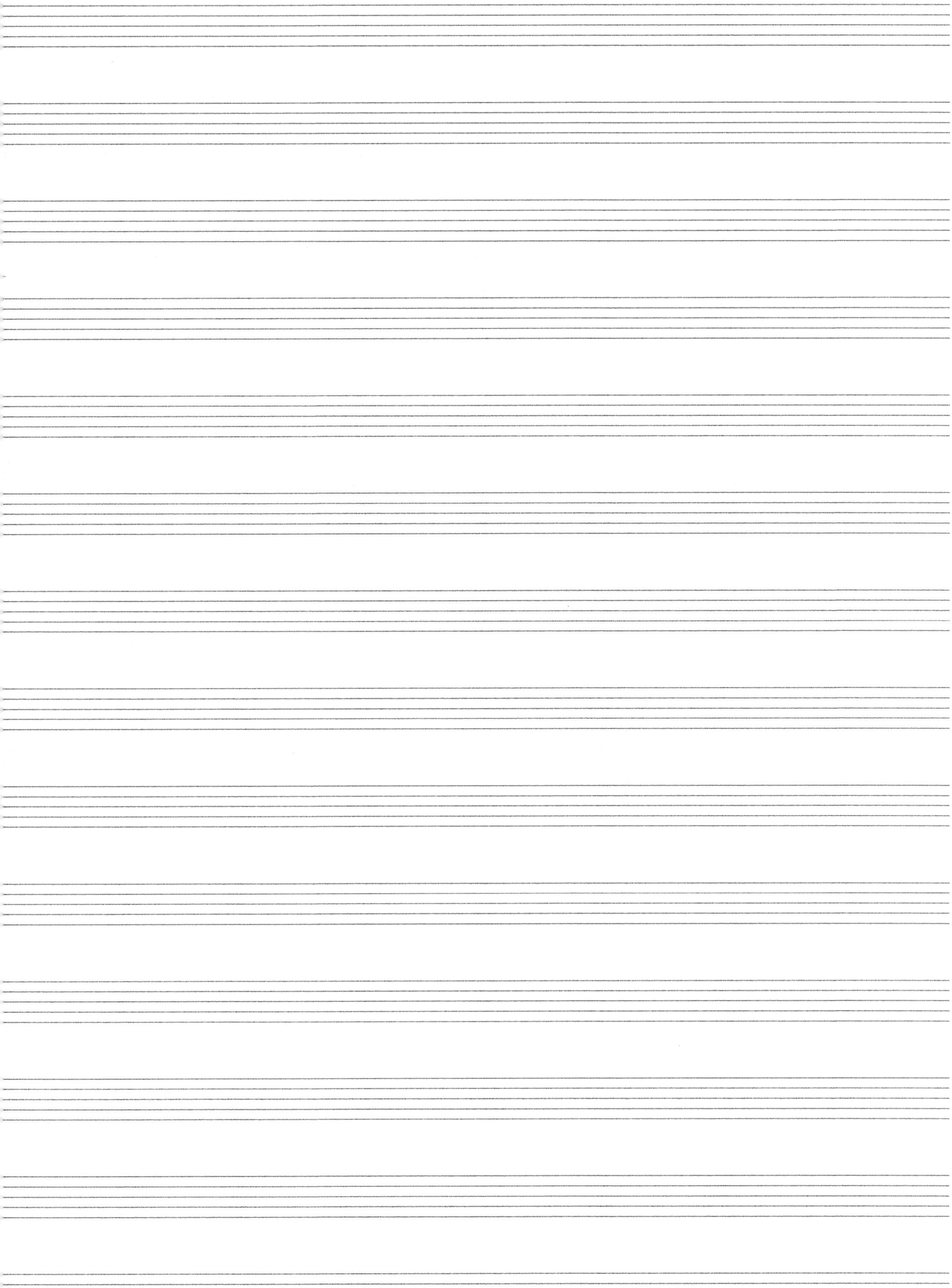

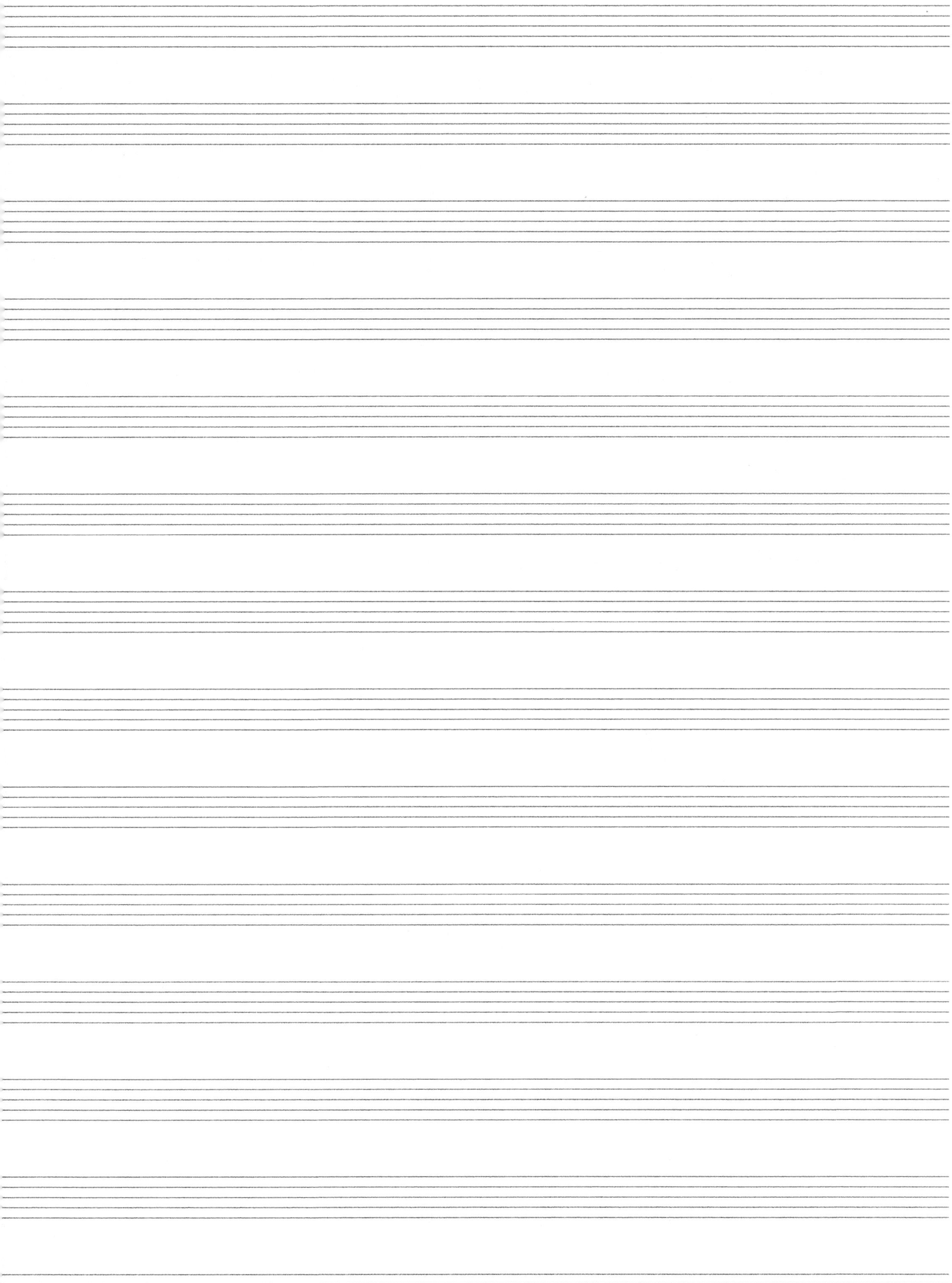

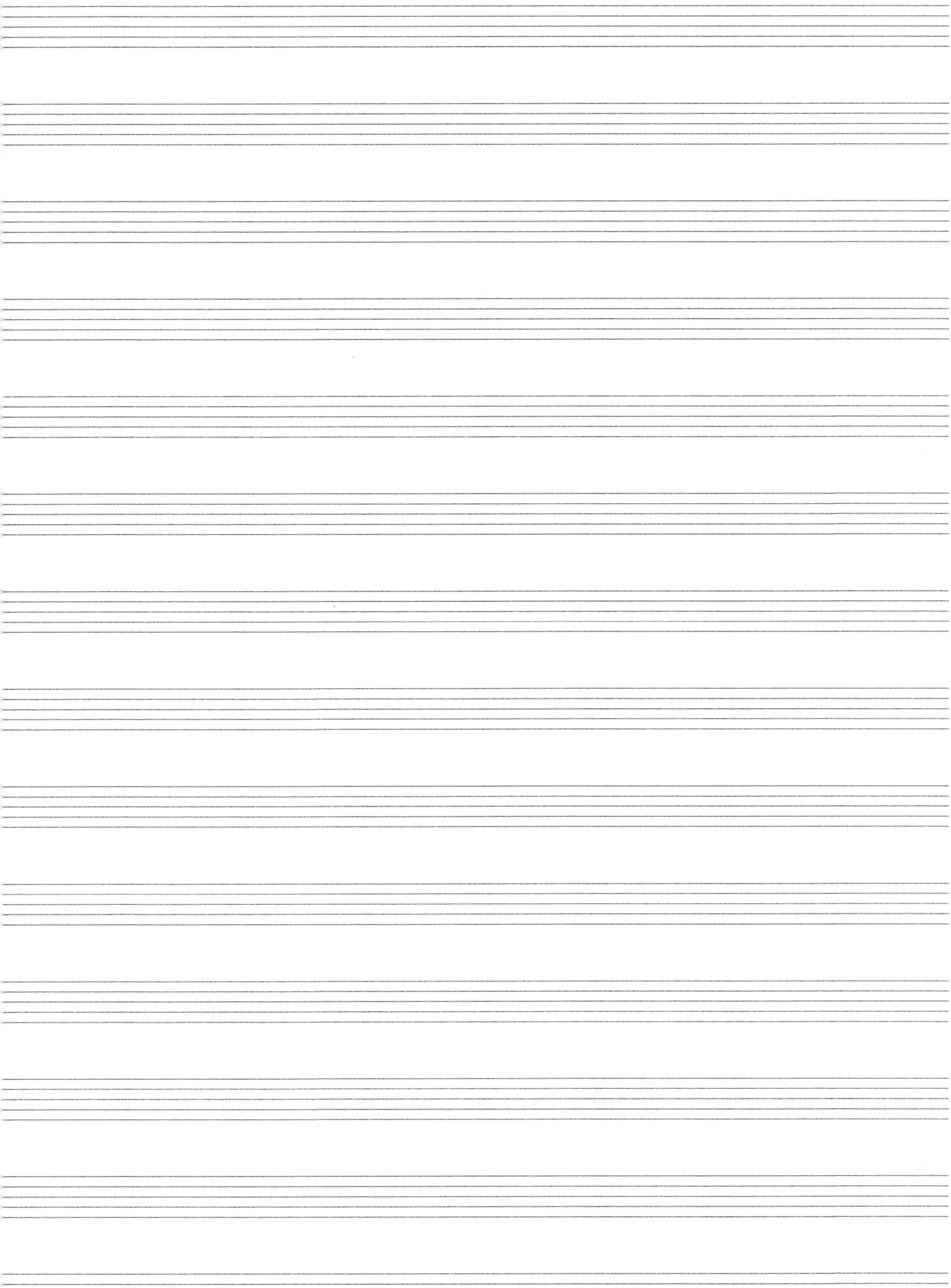

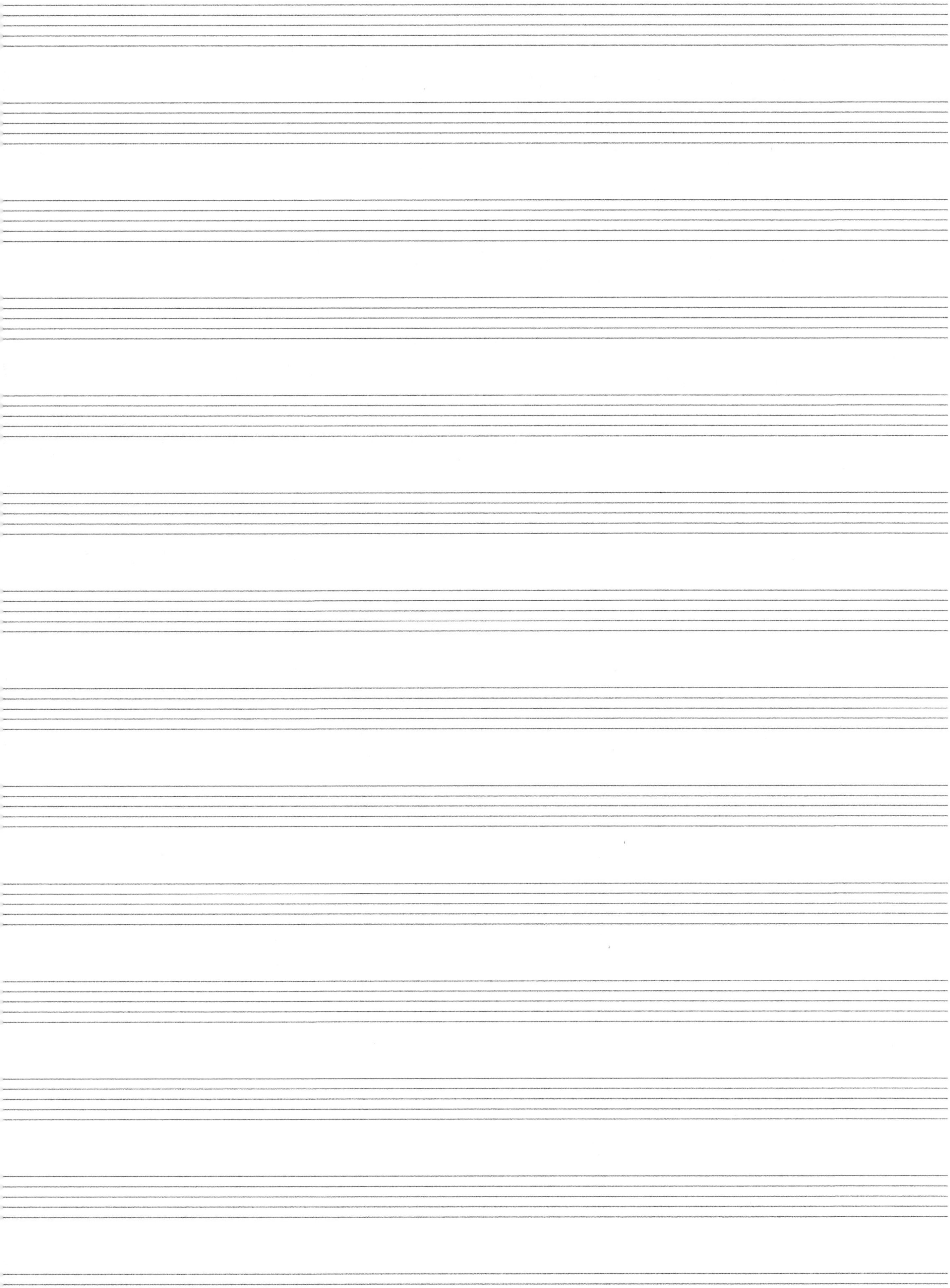

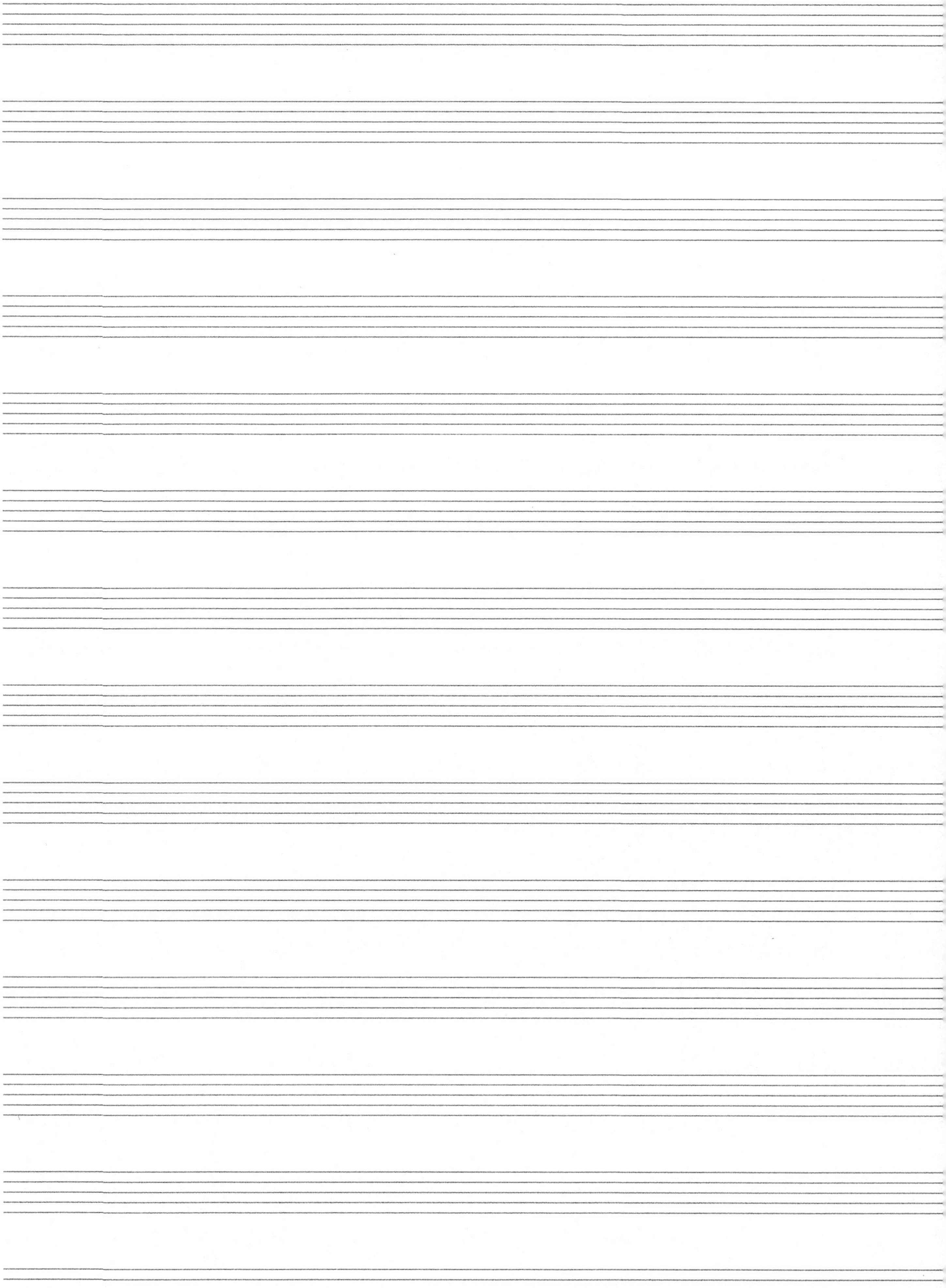

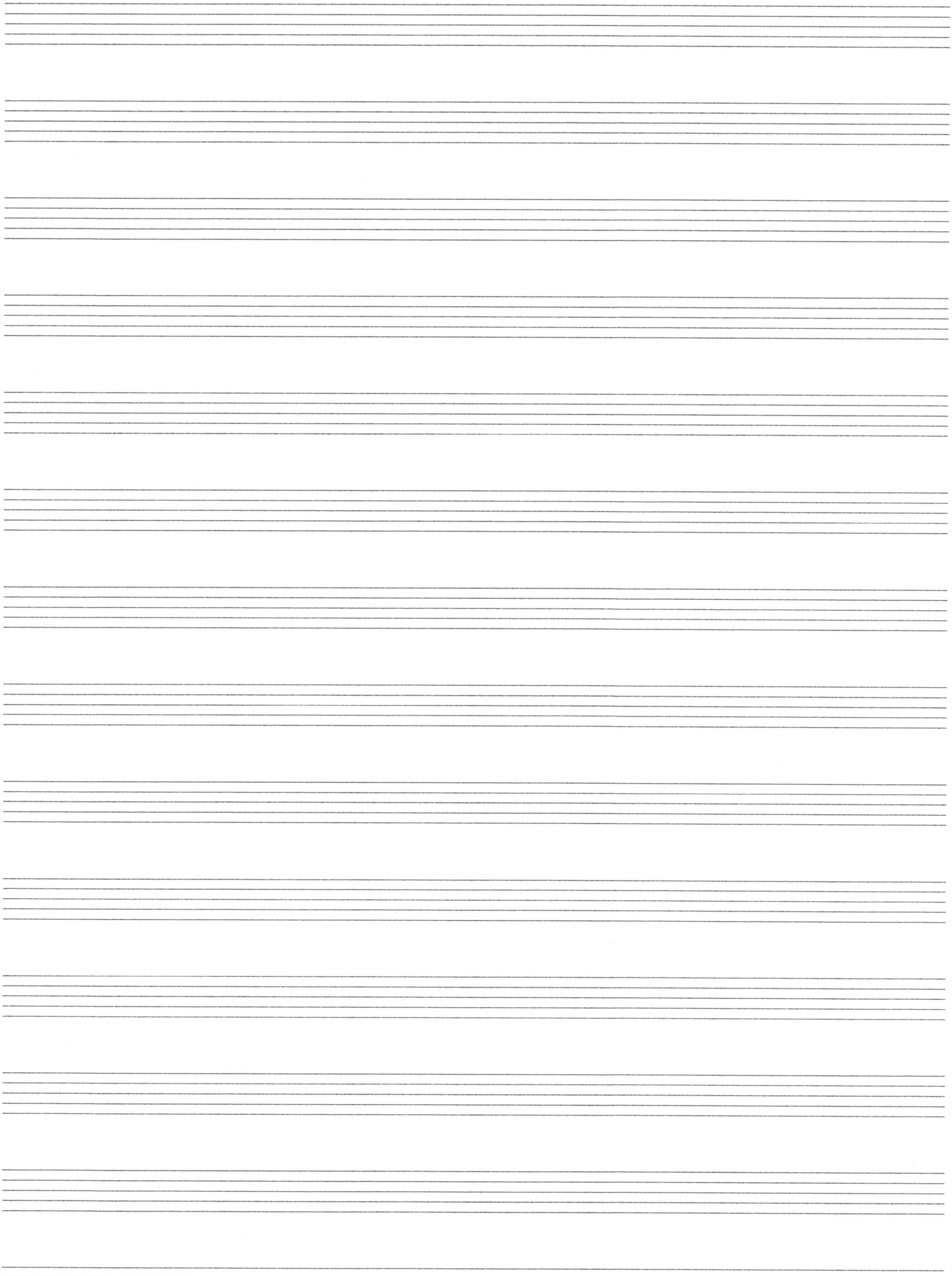

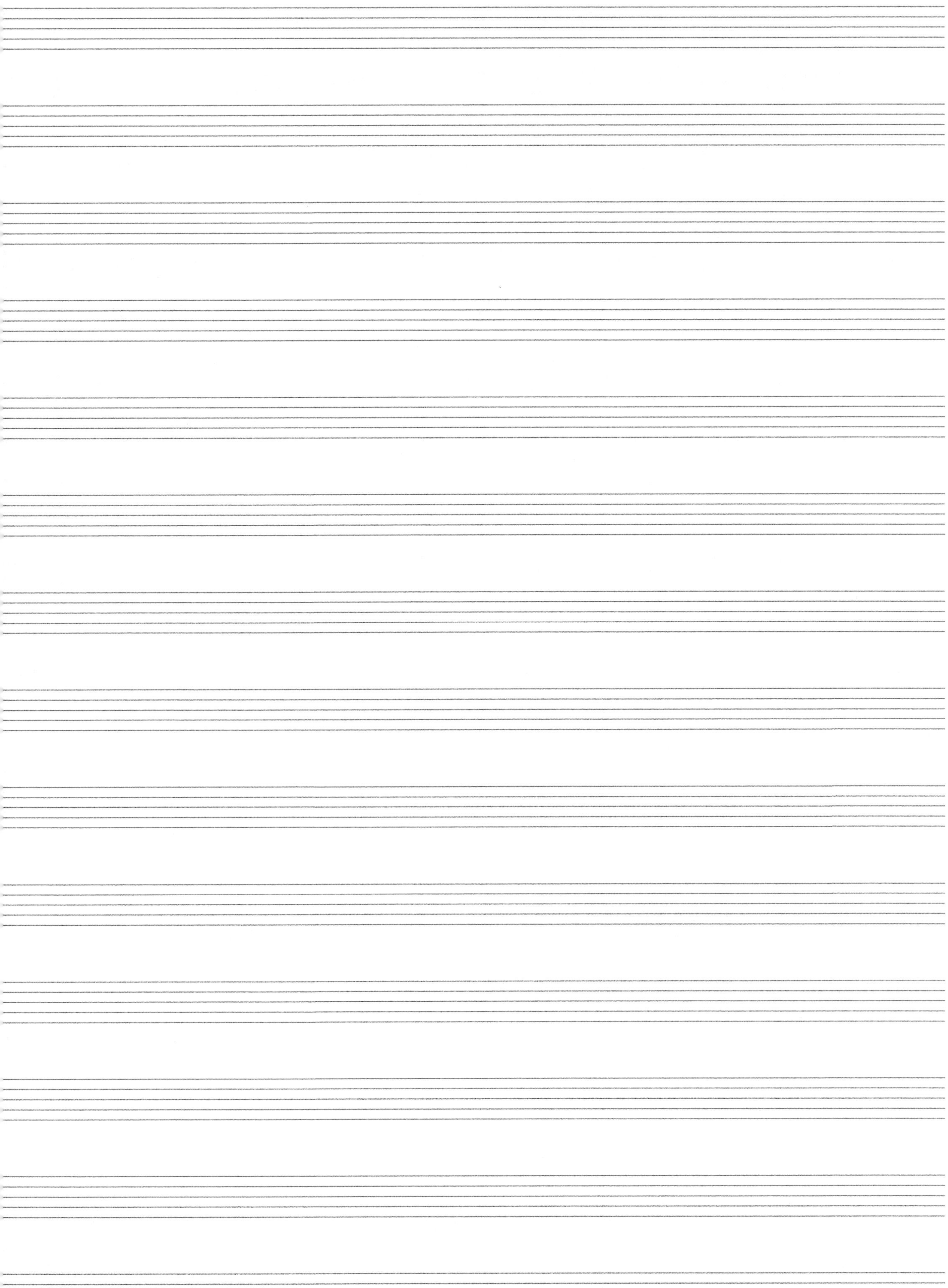

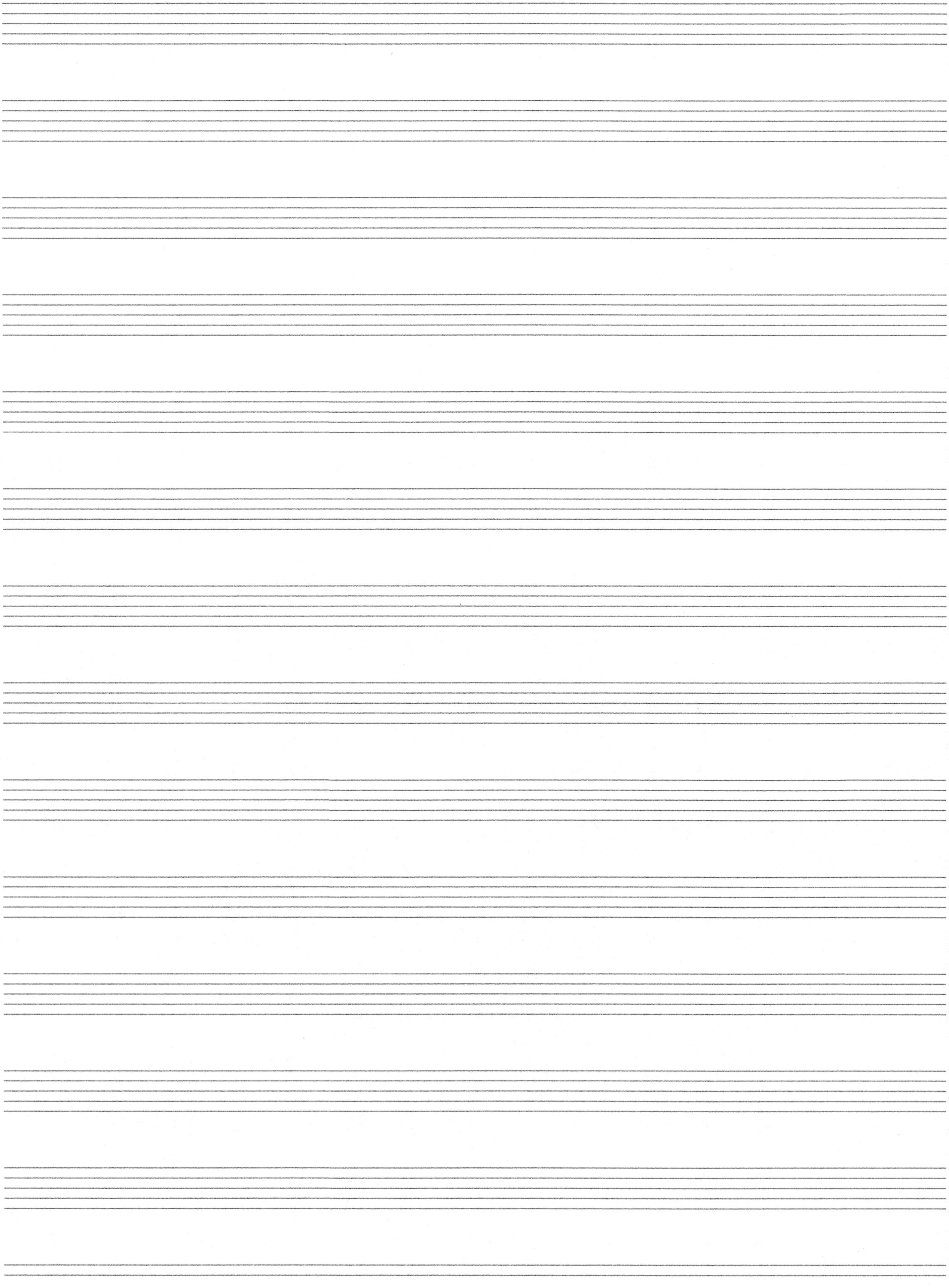

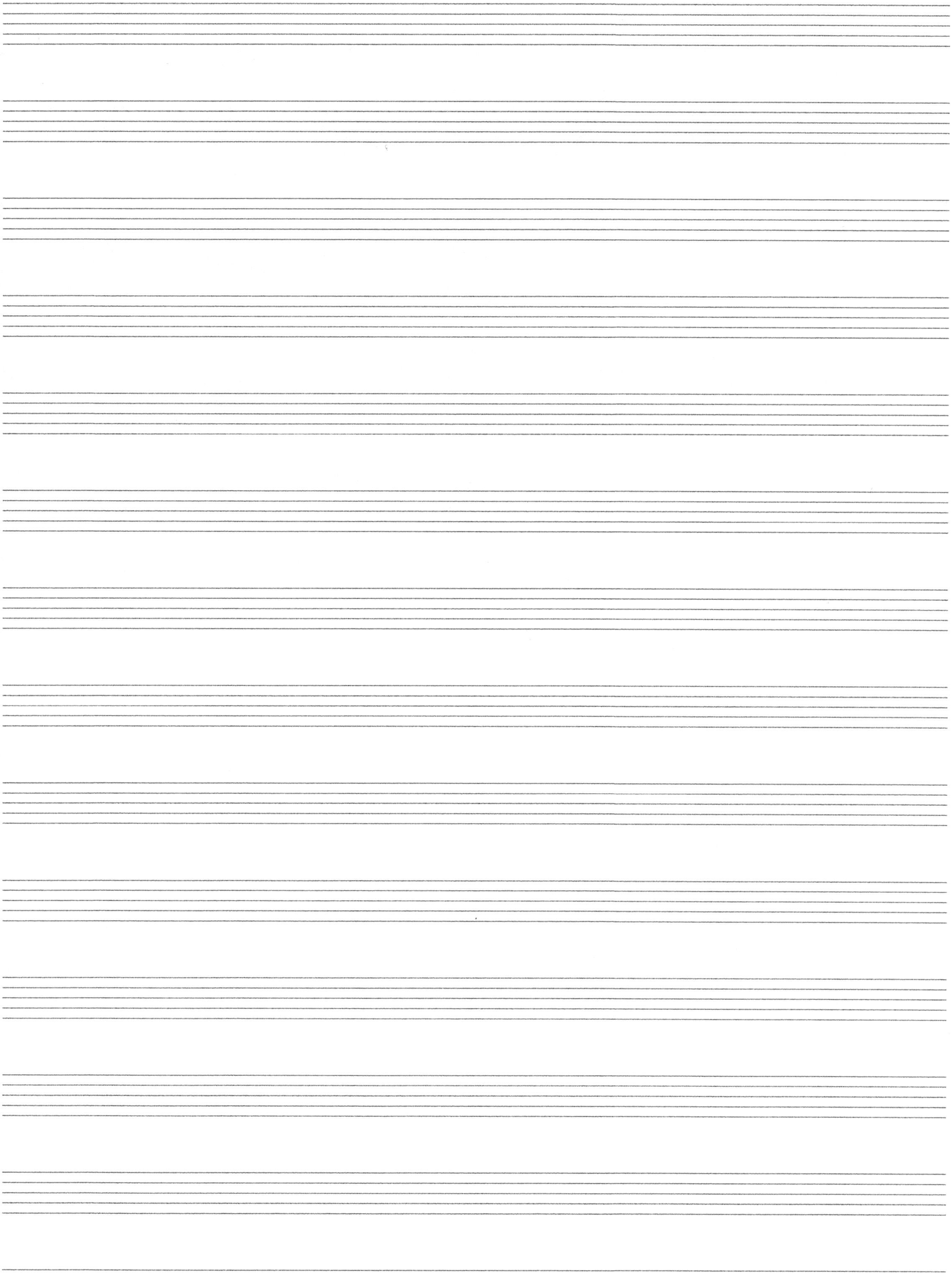

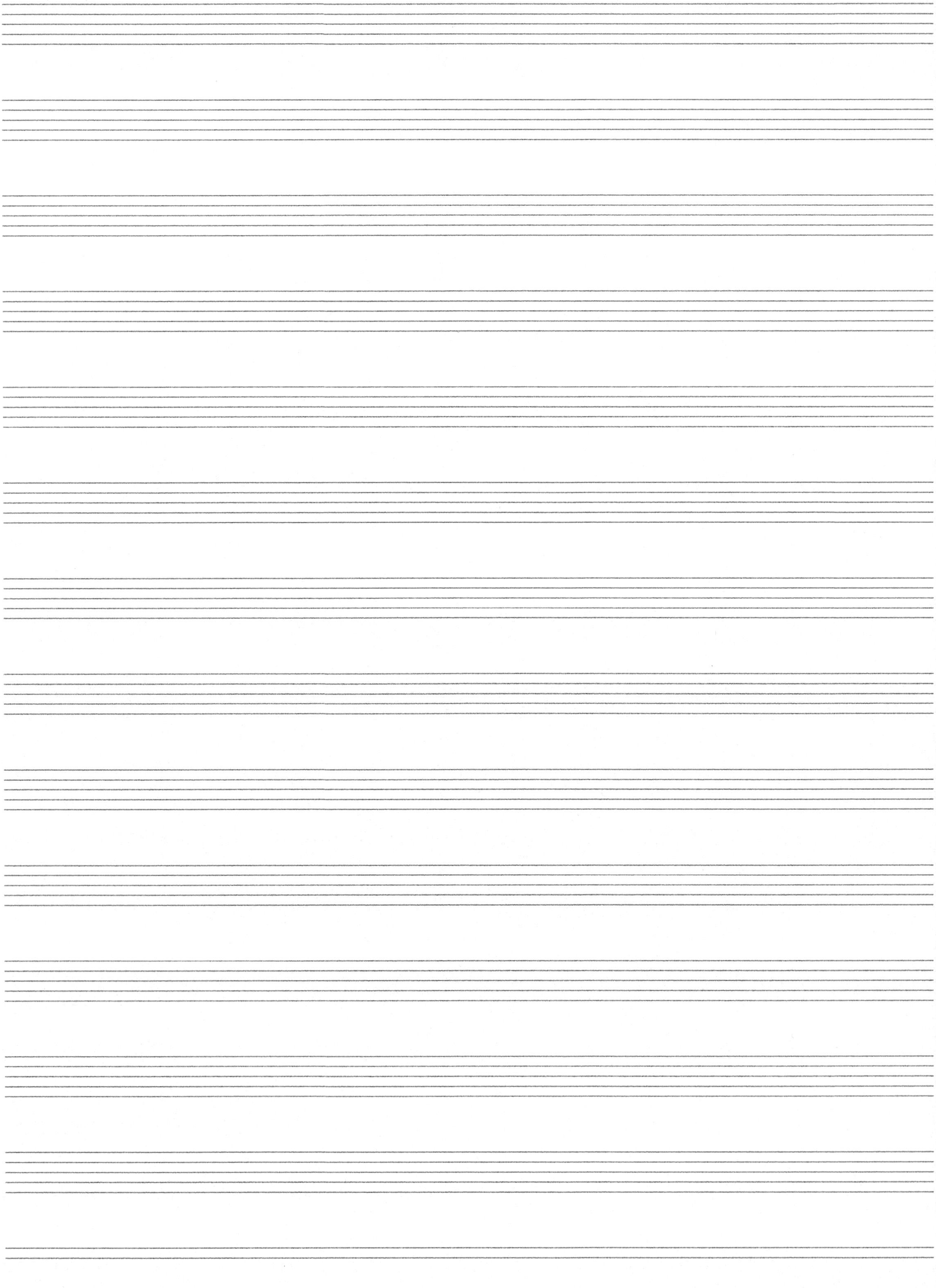

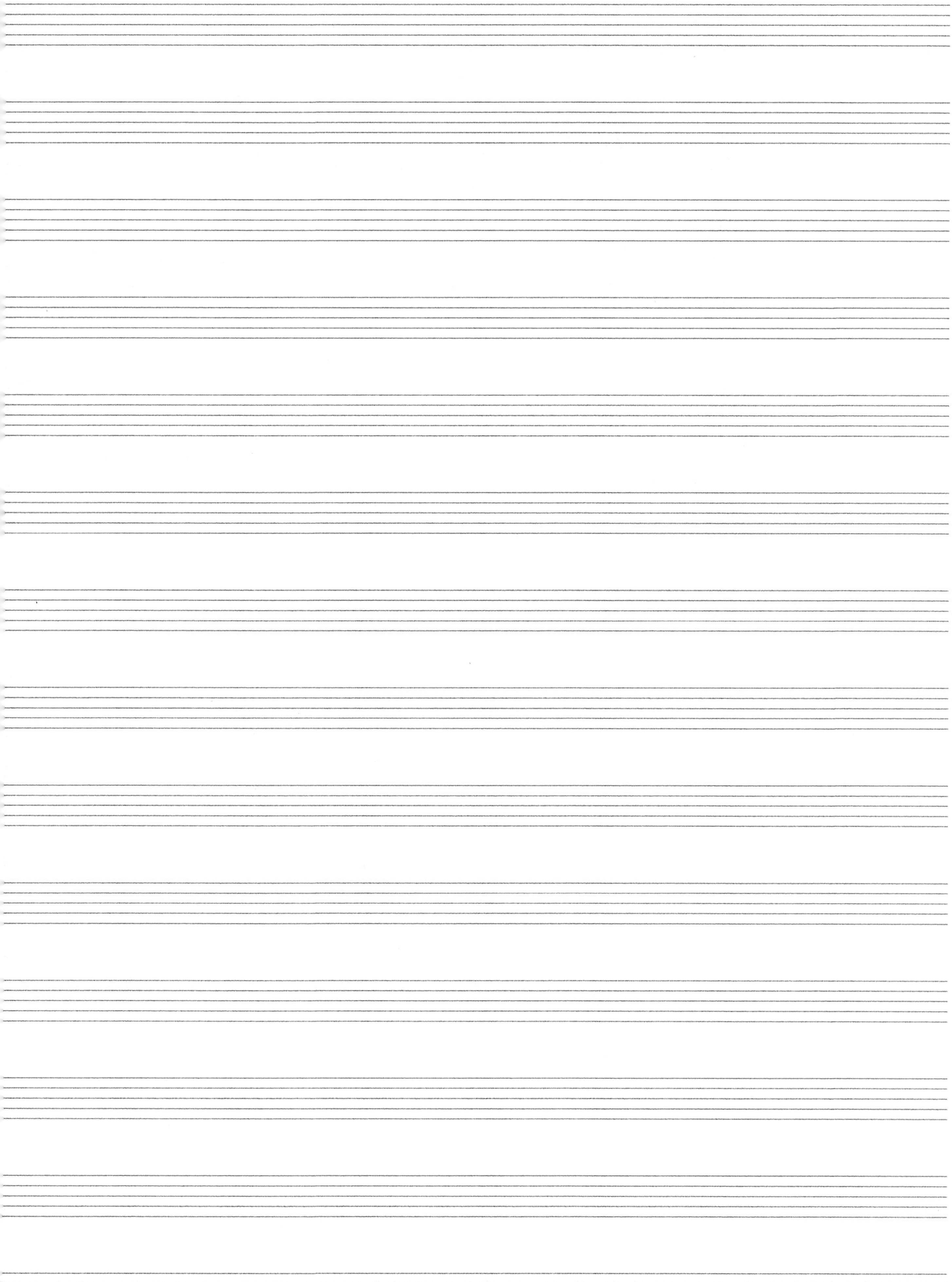

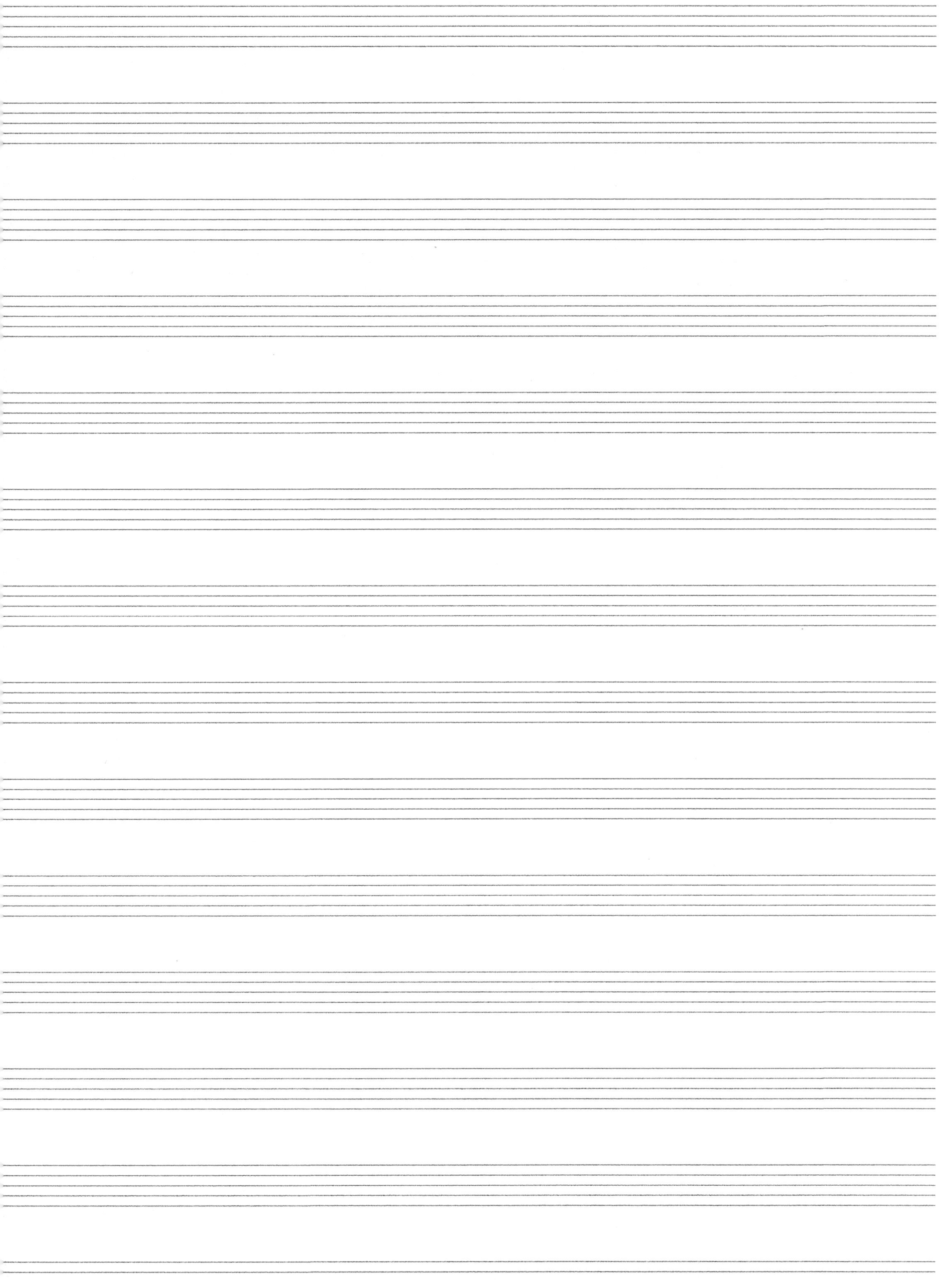

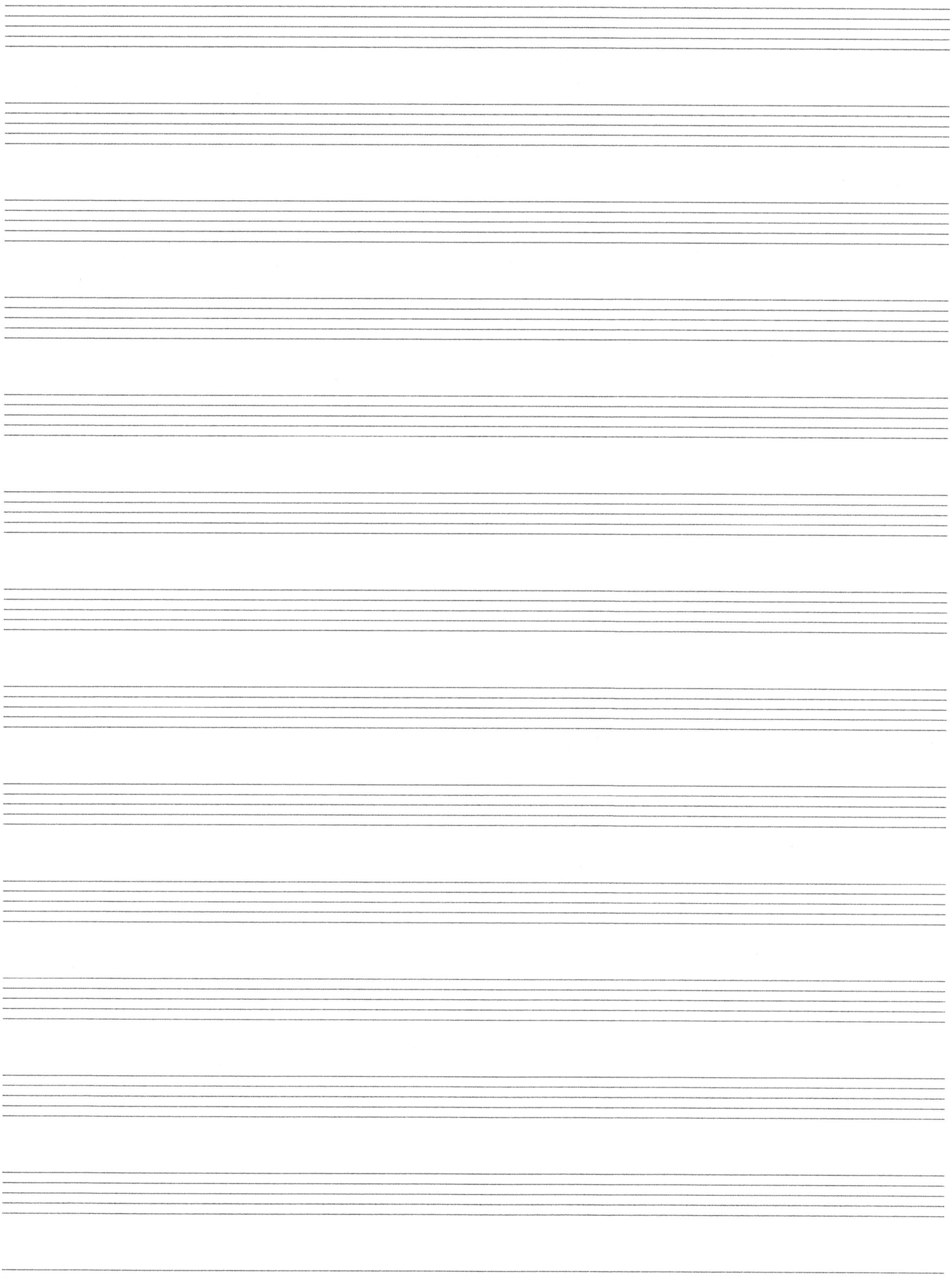

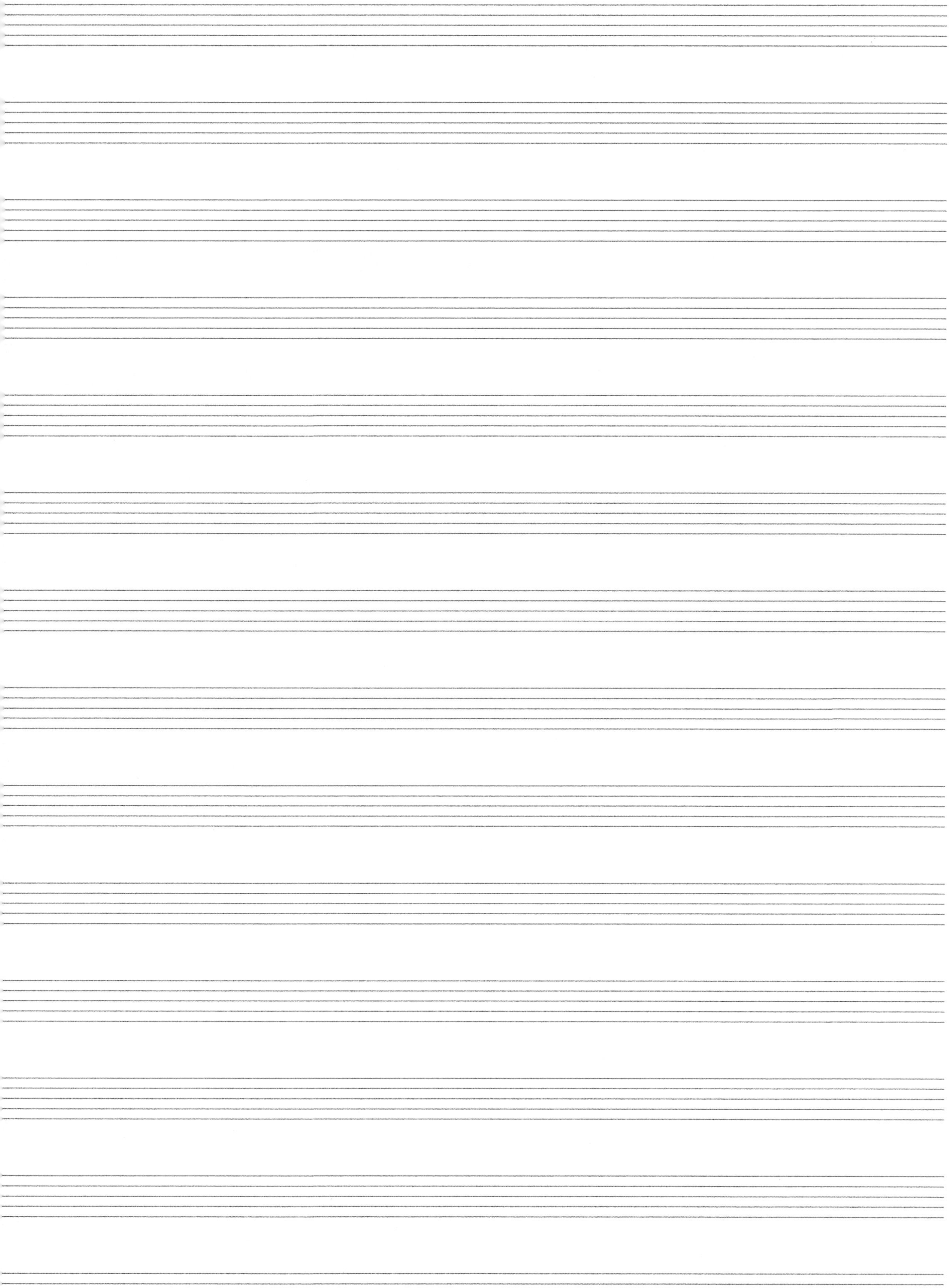

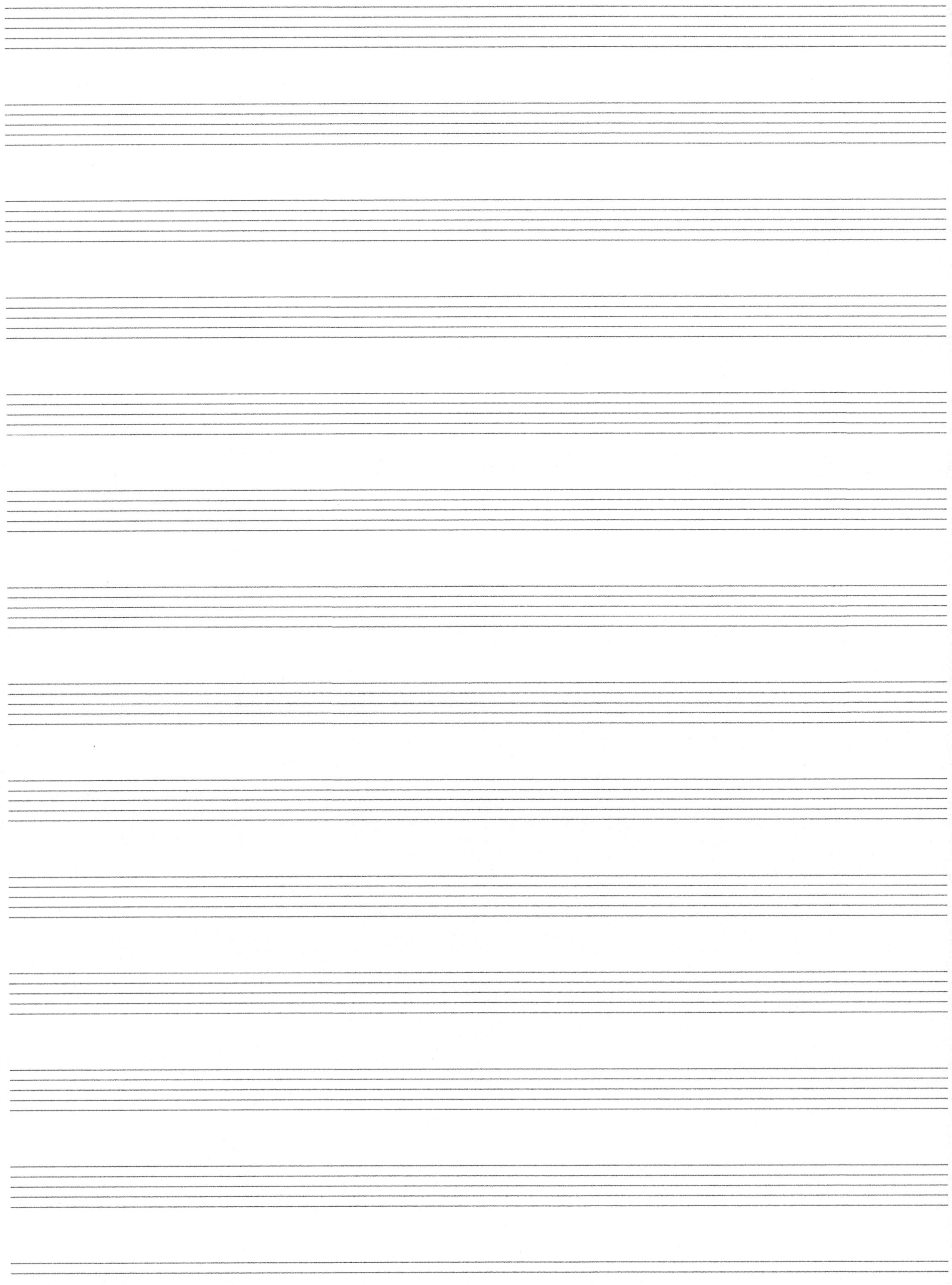

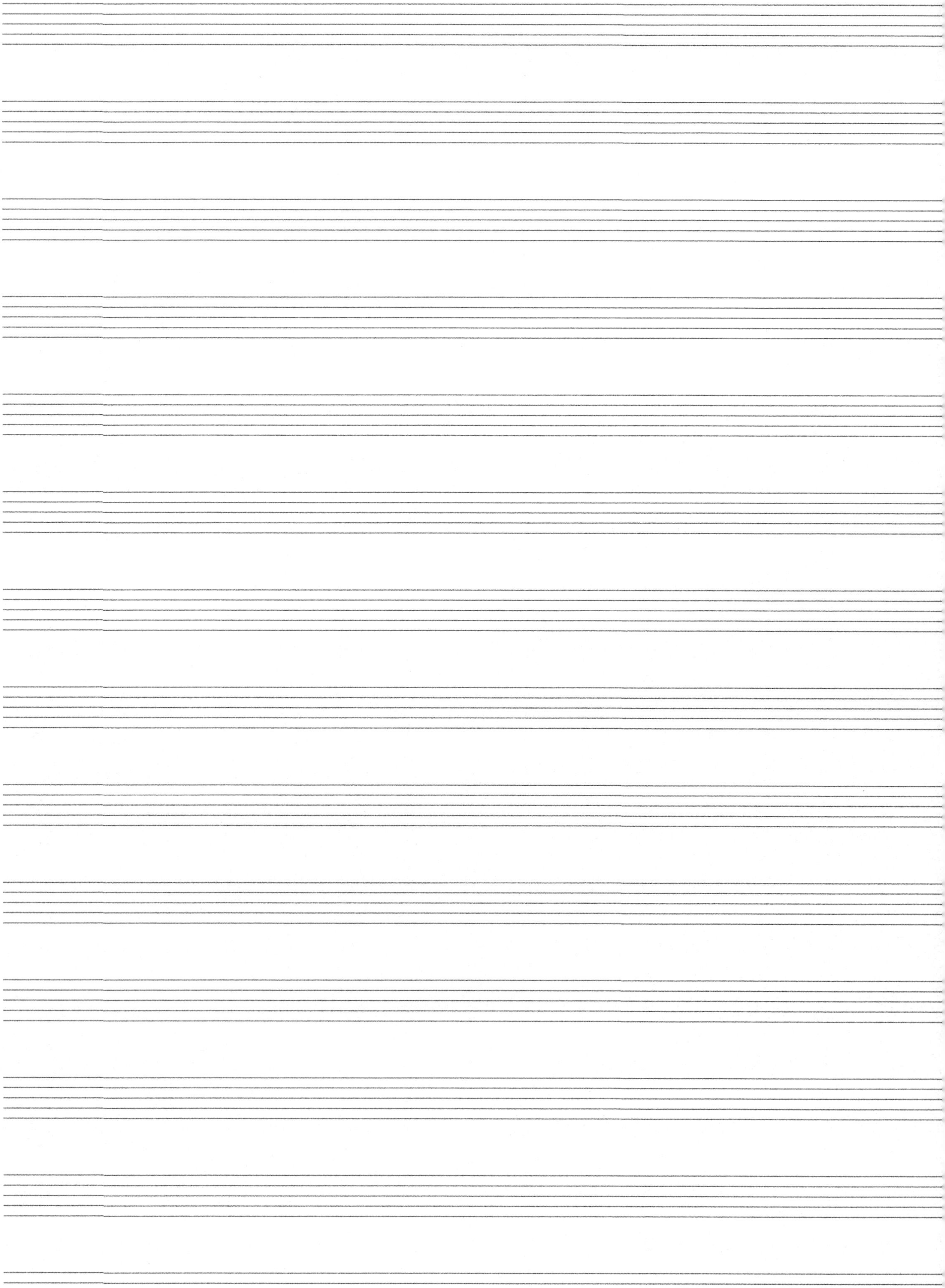

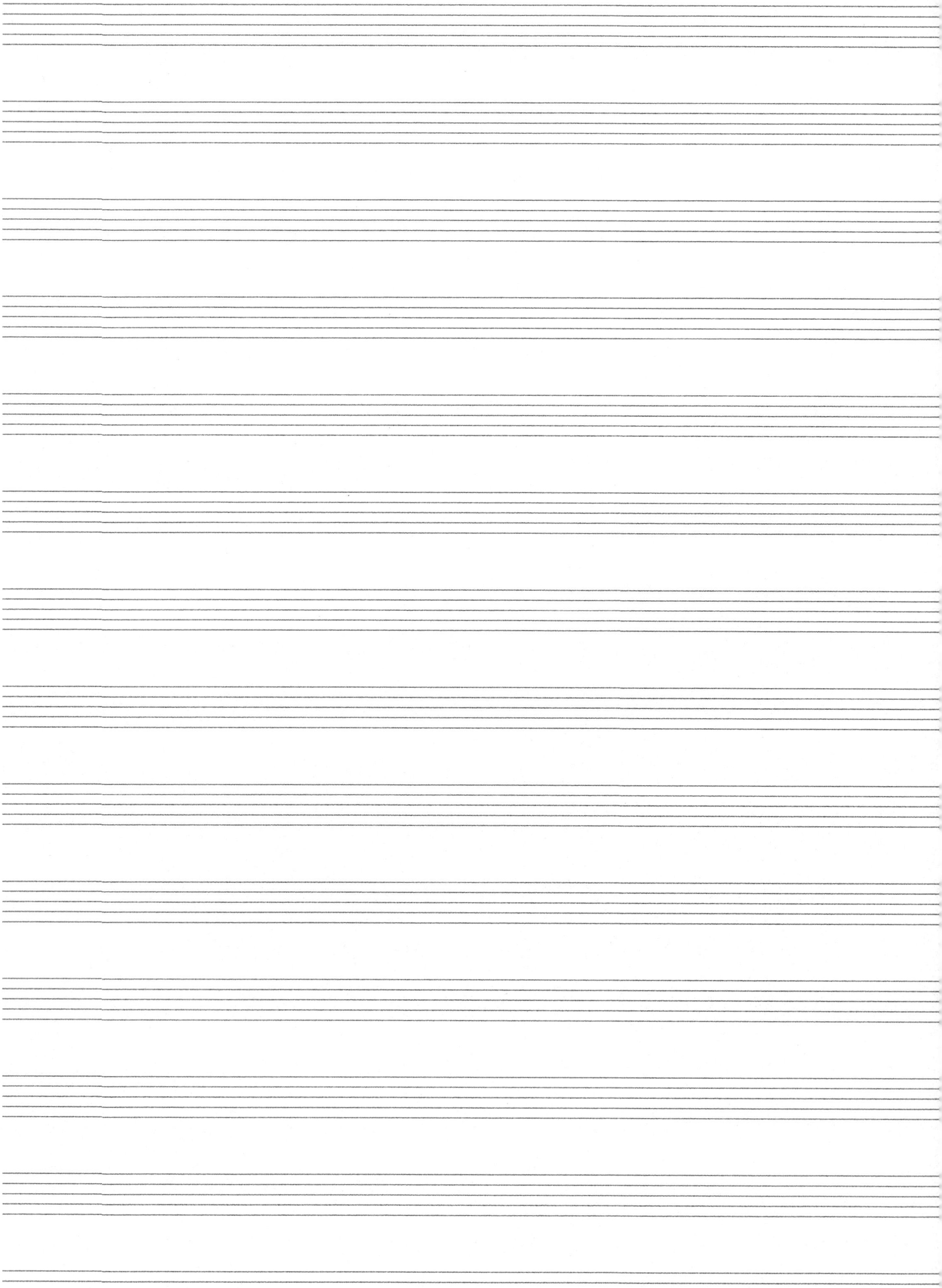

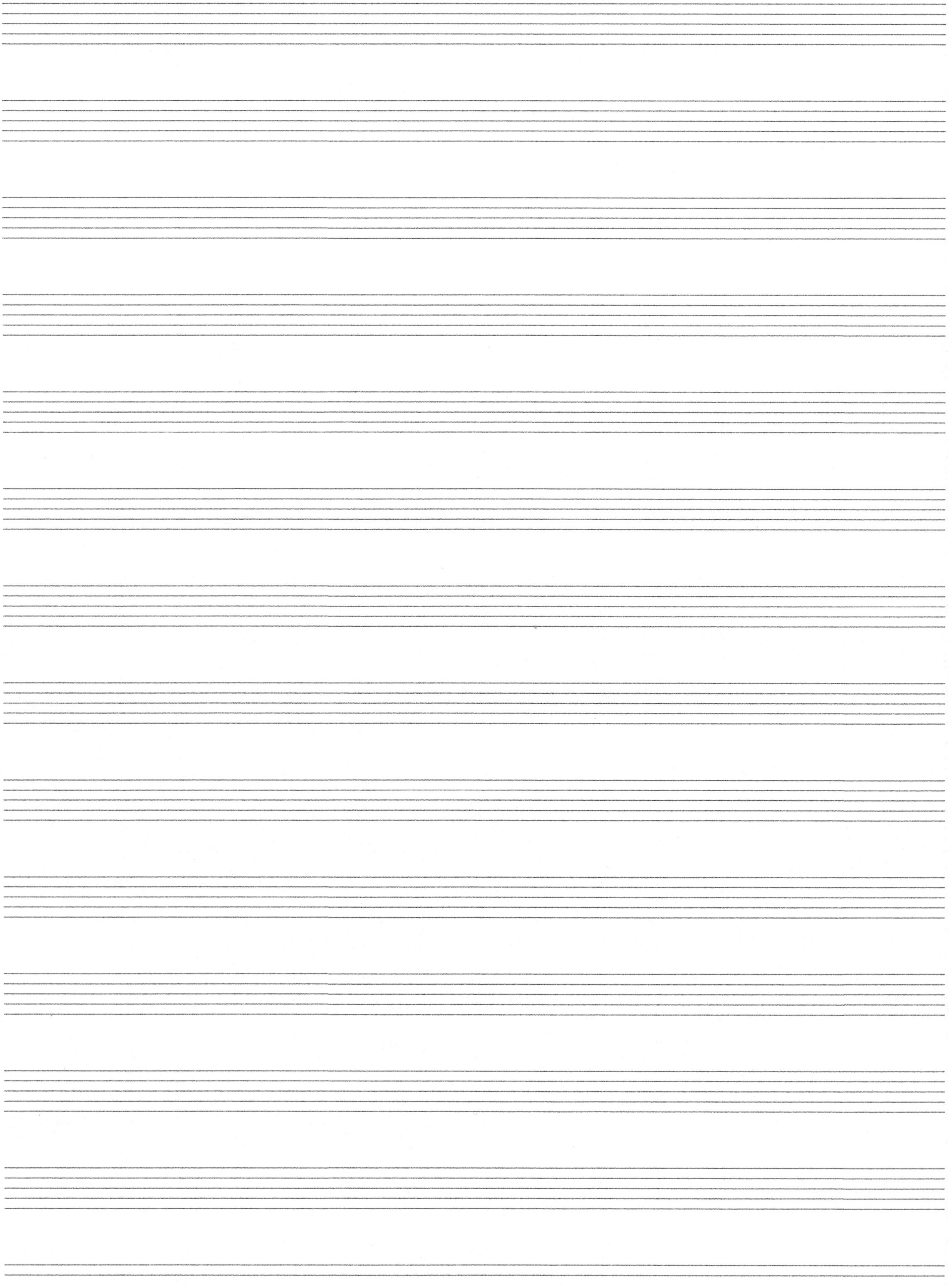

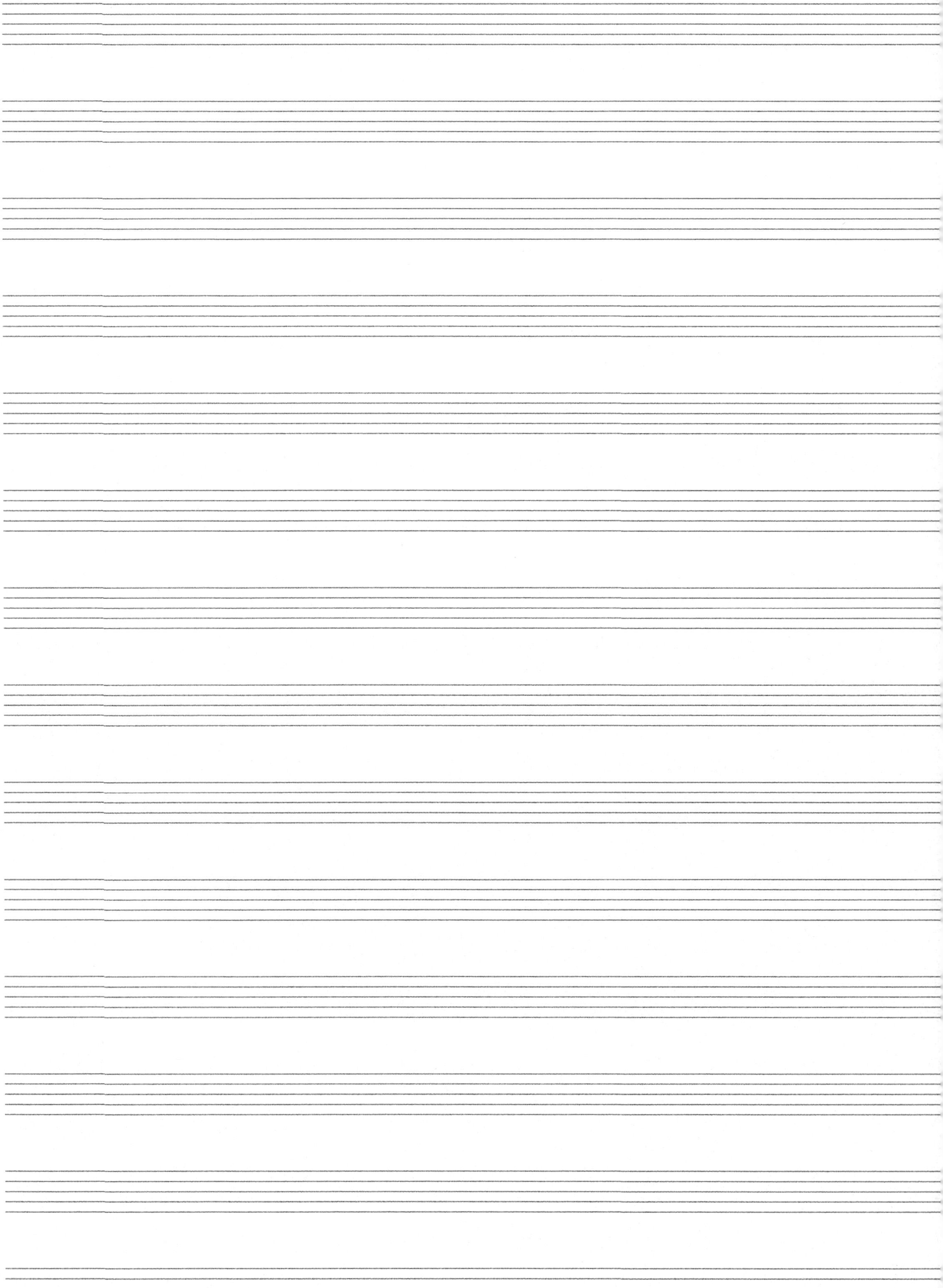

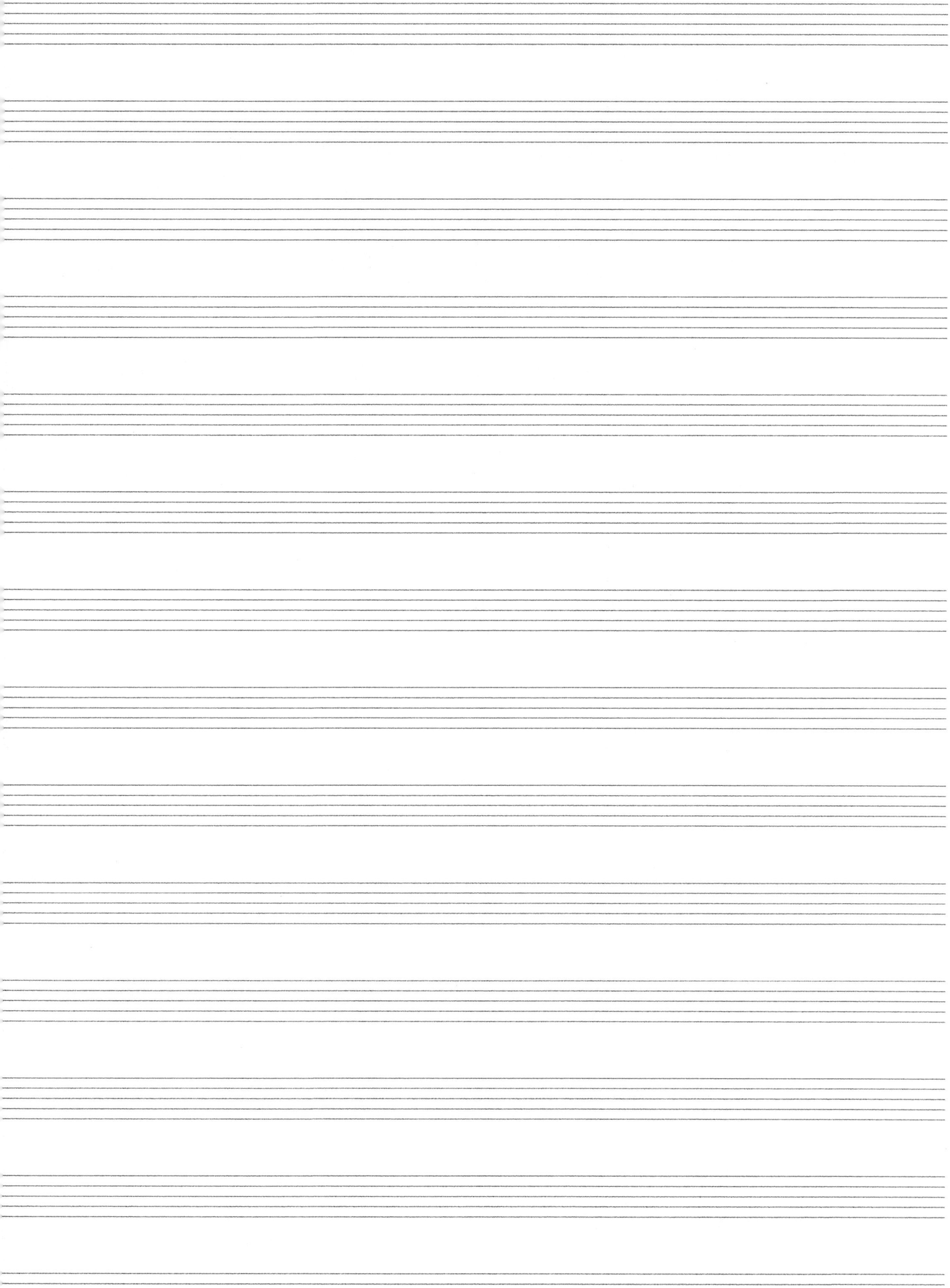

Made in the USA
Las Vegas, NV
06 July 2022

51196270R00057